사랑은 오로지 사랑으로 말하라
L'amour ne se dit qu'avec amour

사랑은 오로지 사랑으로 말하라
L'amour ne se dit qu'avec amour

박효석 36시집

International PEN
Korean Center

‖ 시인의 말 ‖

　이번 시집을 프랑스어로 번역 출간할 수 있게 되어 너무나 행복합니다.
　사람이 이 세상에 태어나 죽기까지의 과정은 어쩌면 사랑하고 이별하기 위한 필연의 과정이라고도 할 수 있을 것입니다.
　사랑하는 한 여인을 만나 지금까지 사랑으로 동고동락하며 살아온 순간들을 이 시집에 담아 보았습니다.
　그 여인을 사랑할 수 있었기에 너무나 행복할 수 있었다는 고백을 하면서 이 시집이 많은 사람들에게 긍정의 사랑의 울림이 되었으면 합니다.

2025년 꽃피는 봄날
박효석

‖ Quelques mots du poète ‖

C'est une profonde joie pour moi de voir ce recueil de poèmes traduit et publié en français.

Le chemin qui nous mène de la naissance à la mort peut sembler inéluctable, fait d'amour et de séparation.

Dans ces poèmes, j'ai cherché à capturer les instants partagés avec la femme que j'aime, au fil d'une vie traversée ensemble, entre bonheur et épreuves.

En confessant combien j'ai été heureux de l'aimer, j'espère que ces vers résonneront comme un écho vibrant d'amour et d'espoir pour tous.

Au printemps fleuri de 2025,
Park Hyo-seok

차례

시인의 말 Quelques mots du poète • 4

1부 Première partie

오래된 사과 Vieille pomme	12
눈부신 목련꽃 Les éblouissantes fleurs de magnolia	14
어찌 사랑하지 않을 수 있으랴 Comment ne pas aimer ?	16
햇살꽃 Fleurs de soleil	18
둥글게 둥글게 En rond, en rond	20
흙의 숨소리 Le souffle de la terre	22
사랑의 향기 Le parfum d'amour	25
해안의 암벽과 파도의 사랑 Les falaises de la côte et l'amour des vagues	28
밝음과 어둠 Lumière et obscurité	32
죽음이 주는 자유 La liberté dans la mort	34
세월의 길 Le chemin du temps	36
바람이 불 때면 Au gré du vent	38
달이 뜨지 않는 밤이면 Les nuits sans lune	42
지구의 날을 맞아 En l'honneur du Jour de la Terre	44
달무리를 볼 때면 Quand je vois un halo de lune	48
독거노인들의 무덤 Le tombeau des vieillards solitaires	50

2부 Deuxième partie

삶의 식초 Le Vinaigre de la Vie	56
늦가을 밤 Nuit de la fin de l'automne	60
가을이 오면 Quand vient l'automne	62
가을 달빛 Clair de lune d'automne	64
가을보름달 La pleine lune d'automne	66
달무리를 바라보며 En contemplant le halo de la lune	68
단풍을 바라보며 En regardant les érables	70
사랑하는 그대여 Toi que j'aime	73
가을소리 La voix de l'automne	76
가을의 작별인사 Les adieux de l'automne	78
첫눈의 음표 Les notes de la première neige	80
눈이 하염없이 내리는 날이면 Quand la neige tombe sans fin	82
나의 사랑이여 Ô mon amour	84
사랑은 오로지 사랑으로 말하라 Que l'amour ne s'exprime que par l'amour	86
대파들의 나팔소리 Le son des trompettes des poireaux	88

3부 Troisième partie

사랑의 다리 Le Pont de l'Amour	92
쇠들 몸속에는 Dans le corps du métal	95
나의 사유思惟 Ma pensée	98
사랑의 의미 Le sens de l'amour	100
구두 수선공의 노래 Le chant du cordonnier	102
손 Les Mains	104
전혀 Pas du tout	106
생물시계 L'horloge vivante	108
가진 것이 하나도 없을 때 Quand je n'avais rien	111
아침 식탁 La table du petit-déjeuner	114
가장 아름다운 유언 Le plus beau testament	117
까치집을 바라볼 때면 Quand je contemple le nid de pies	120
민들레꽃처럼 Comme une fleur de pissenlit	122
마음을 주고받자 한다 　Les pissenlits murmurent : Échangeons nos cœurs	126
행복해자 Soyons heureux	128

4부 Quatrième partie

아름다운 말을 하면 Si l'on dit de belles paroles	132
풀꽃 호롱불 Fleurs sauvages, courant de lumière	134
어머니의 사랑바람 La brise d'amour de ma mère	137
어머니의 사랑 L'amour de ma mère	140
씀바귀꽃 Les fleurs de cardamine	143
귀가 시간 L'heure du retour	146
나무들은 Les arbres	148
이스라엘과 팔레스타인의 전쟁 La guerre israélo-palestinienne	151
촛불 Flamme	154
마지막 잎새 La Dernière Feuille	156
아내의 손 La main de ma femme	158
깜깜한 한밤중 눈을 뜨면 Quand j'ouvre les yeux dans la nuit obscure	160
낙타와 선인장처럼 Comme le chameau et le cactus	163
아내의 발 Les pieds de ma femme	166
73도 73 degrés	169

저자 소개
번역자 소개

1부
Première partie

오래된 사과

사과가 오래되니
어머니의 얼굴
손등과 같이 쭈굴쭈굴
주름이 졌다

검은 버섯이 생기기도 하고
군데군데 짓무른 것이
꼭 어머니와 같다

짓무른 곳을 도려내며
남아있는 살을 먹다가
마치 어머니의
남은 생生을 먹고 있는 것은 아닌지

먹고 있던 사과를
그만 놓아 버렸다

어머니의 미소 같이
그래도 입 안에 남아 있는
오래된 사과의 향기는
그윽했다

Vieille pomme

La pomme a vieilli
Comme le visage de ma mère
Comme le dos de sa main
Tout ridé de plis

Des champignons noirs ont poussé
Des taches brunes sont apparues
Comme sur la peau de ma mère

Je découpe la chair abîmée
Je goûte ce qui reste
Ne suis-je pas en train de manger
Les derniers jours de ma mère ?

Je lâche la pomme
Mais son parfum
Comme le sourire de ma mère
Flotte encore dans ma bouche
Profond, tenace

눈부신 목련꽃

목련나무에 떼 지어 날아든
흰나비들이
날개를 활짝 펴고는
온몸 가득 채우고 있던 봄 향기를
발산하고 있는 봄날

나비의 날개를 반짝이고 있는 햇살이
마치 떼 지어 까르르 까르르
해맑은 웃음을 웃고 있는 듯
눈이 부신 목련꽃

Les éblouissantes fleurs de magnolia

Un essaim de papillons blancs
ailes amplement déployées
exhale le parfum du printemps
dont il s'est imprégné

Les rayons du soleil
illuminent les ailes des papillons
qui semblent sourire
aux éblouissantes fleurs de magnolia

어찌 사랑하지 않을 수 있으랴

사랑했던 사람들이 이 세상을 떠나가며
흙이 되었는데
어찌 그 흙을 내가 사랑하지 않을 수 있으랴

그 흙 위에서 풀꽃들은 청초함을 꽃피우고 있고
나무들이 푸른 잔디 물결치듯
푸른 숨을 쉬고 있는
그 흙이 된 사람들을
어찌 내가 그리워하지 않을 수 있으랴

그리워하면 그리워할수록
흙 위에 고여 든 그리움이
윤슬처럼 반짝이는 호수가 되어
맑은 하늘을 품은 사랑이 되게 하고 있는
그 흙을
어찌 내가 생사를 함께 하듯
사랑하지 않을 수 있으랴

Comment ne pas aimer ?

Ceux que j'ai aimés ont quitté ce monde
et sont retournés à la terre.
Comment pourrais-je ne pas aimer cette terre ?

Sur cette terre, les fleurs sauvages déploient leur grâce,
les arbres respirent profondément,
comme des vagues dans un océan de verdure.
Comment pourrais-je ne pas me languir
de ces êtres devenus terre ?

Plus je m'en languis,
plus cette nostalgie, en s'accumulant sur la terre,
devient un lac brillant comme une perle,
où l'amour reflète un ciel limpide.
Comment ne pas aimer cette terre,
Comme si nous partagions ensemble la vie et la mort ?

햇살꽃

그대는 생전에
햇살꽃을 피워본 적 있는가

설령 여타 꽃처럼
아름다운 꽃을 피울 수 없는 운명으로 태어났다 할지라도
사방천지 꽃들이 흐드러지게 필 때면
꽃을 피울 수 없는 나무들이
연초록 잎마다 햇살을 온몸으로 받아가며
햇살꽃을 눈부시게 피우고 있나니

그대여 생전에
어느 꽃과도 비견할 수 없는
푸른 생명이 눈부시게 빛나고 있는
아름다운 햇살꽃을 피워보지 않으려는가

Fleurs de soleil

As-tu déjà, de ton vivant, fait fleurir des fleurs de soleil ?

Même si le destin t'a privé de la grâce
D'épanouir des fleurs aussi belles que les autres,
Sache, lorsque la terre se couvre d'une floraison exhubérante,
Que ces arbres qui ne connaissent pas l'éclosion des fleurs
Baignent leurs tendres feuilles d'une lumière solaire bienfaisante
Et les font éclore en éblouissantes fleurs de lumière.

Toi aussi, au cours de ta vie,
Ne voudrais-tu pas faire éclore une fleur de soleil,
Une vie verte, éblouissante, incomparable à toute autre ?

둥글게 둥글게

둥근 지구와 태양과 달이
서로서로 마음을 끌어당기며
둥글게 둥글게 돌고 있듯이

소멸할 날이 얼마 남지 않은
나의 삶을 둘러싸고
원탁에 둘러앉은 가족들이
서로서로 마음을 주고받으며
둥글게 둥글게 사랑을 끌어당기고 있는
내 생일날

En rond, en rond

Comme la terre, le soleil et la lune,
Dans une attraction mutuelle,
Tournent en rond, sans fin,

Le jour de ton anniversaire,
Alors que les jours qui me restent s'amenuisent,
La famille est réunie autour de la table.
Dans un échange sincère de leurs cœurs,
Ils tissent un cercle d'amour infini.

흙의 숨소리

이 세상을 떠날 날이 가까워질수록
한 줌의 흙이 될 나는
과연 어떤 숨을 쉬게 될지
지금까지 살아온 날들의 가슴을 열고
흙의 숨소리를 듣는다

길가나 보도블록 틈 사이를 비집고 나와 핀
풀꽃들이 쉬고 있는 숨소리를 비롯하여
푸른 나무들이 쉬고 있는 푸른 숨소리와
샘물이 흐르고 있는 흙의 숨소리가 되었으면 하는
간절한 마음으로
지금까지 살아온 날들을 반성해가며
흙의 숨소리를 듣는 요즘

먼저 흙이 되어 이 세상을 떠나간 사람들의
절절한 그리움의 숨소리가
사랑의 숨을 쉬듯이 들려오는 것만 같아
한 줌의 흙이 된 그들을 떠올려가며
흙의 숨소리를 듣는다

Le souffle de la terre

Alors que je m'approche du jour où je quitterai ce monde
Pour devenir une poignée de terre
J'écoute le souffle de la terre
Ouvrant le cœur aux jours vécus jusqu'à présent
Je me demande quel souffle m'animera

Avec un cœur ardent j'espère devenir le souffle de la terre
Là où repose les petites fleurs sauvages
Epanouies entre les fissures des trottoirs
Là où respirent les arbres verts
Et là où l'eau de source murmure à travers la terre
Ces jours-ci en méditant sur les jours qui m'ont conduit jusqu'ici
J'écoute le souffle de la terre

Le souffle de la nostalgie, de ceux qui ont quitté ce monde
   Pour devenir terre
   Semble résonner comme celui des humains
   En songeant à ceux réduits à une poignée de terre
   J'écoute le souffle qui émane de cette terre

사랑의 향기

알프스산에서 풍겨오는
천재화가 '조반나 세간티니'와 그의 아내 '루이자'와의
그윽한 사랑의 향기가
나의 아내에게서도 풍겨오는 날이면

이 세상의 어떤 최상의 꽃들의 향기보다도
아내에게서 풍겨오는 사랑의 향기가
비교할 수 없이 그윽하고 향기로워
그 향기로 숨을 쉴 때면
아내와 함께 보낸 시간 시간들이
사랑의 꽃을 피워가는데

'조반니 세간티니'의 사후에도
35년간 하루도 빠짐없이 그의 무덤에
사랑의 꽃을 바친
'루이자'의 사랑의 향기 같은
아내의 사랑의 향기가
내세에서도 영혼을 다한 사랑의 향기로
그윽하게 풍겨올 것 같은
아내의 사랑

Le parfum d'amour

Des Alpes s'élève un parfum :
Celui de l'amour profond qui unissait Giovanni Segantini et son épouse Luisa.

Lorsque cette fragrance étreint mon épouse,
Aucune fleur, aussi sublime soit-elle,
Ne pourrait égaler l'effluve qui émane d'elle.
Son parfum doux et pénétrant
M'apaise à chaque souffle.
Et, dans cette fragrance, les heures passées à ses côtés
Éclosent en une floraison d'amour.

Même après la mort de Giovanni,
Pendant 35 ans, Luisa a déposé chaque jour, sans exception,
Une fleur sur sa tombe.
De ce geste naît un parfum éternel,

Tout comme celui de mon épouse :

Un amour si absolu qu'il continuera, même dans l'au-delà,

À embaumer mon âme de sa douce dévotion.

해안의 암벽과 파도의 사랑

파도와 해안의 암벽이
날마다 사랑의 절정을 이뤄가기 위하여
사랑을 하고 있나보다

오랜 세월을 목숨을 바쳐가듯
사랑을 해왔으면서도
아직도 상대방을 위한 사랑이
부족한가보다

때때로 목숨을 내던지듯 사랑을 주었으면서도
아직도 못다 준 사랑이 많은 것 같은 파도와
그 때마다 그런 파도를 온몸으로 품어 안아주었던 암벽도
아직 푸근히 파도를 품어주지 않은 것만 같아서인지
처음 사랑을 주고받을 때와 같이
목숨을 바쳐가듯이 사랑을 주고받는
파도와 암벽의 사랑을 바라보고 있노라면
해안의 암벽이 어찌하여 갈수록 절정이 되어 가는지
그 이유를 알 수 있을 것 같듯

하나님이 천지를 창조하시고는
보시기에 좋았다고 말씀하신 것처럼
사랑을 더 아름다운 절경으로 만들기 위하여
암벽을 사랑스러운 마음으로 바라보다가는
온몸으로 사랑을 표현하고 있는 파도를 바라보고 있노라면
내 마음 잔잔히 떠오르고 있는
아내의 얼굴

Les falaises de la côte et l'amour des vagues

Les vagues et les falaises de la côte
Semblent s'aimer
Pour s'épanouir chaque jour dans un amour plus intense

Les vagues tout en offrant leur amour comme si elles y sacrifiaient leur vie
Semblent avoir encore tant d'amour à donner

Chaque fois les falaises les étreignaient de tout leur corps
Peut-être parce qu'elles ne les avaient pas encore étreintes avec suffisamment de douceur
Comme lors du premier jour où elles se sont aimées
Les vagues et les falaises échangent leur amour au péril de leur vie
En contemplant cet amour
On croit entrevoir pourquoi avec le temps
Les falaises de la côte atteignent une telle perfection

À l'image de Dieu contemplant sa création
Et qui dit que cela était bon
Je contemple la nature pour exalter l'amour
Mes yeux se posent avec tendresse sur les falaises
Puis sur les vagues vibrant d'amour
Et doucement dans mon cœur apaisé
Le visage de ma femme se révèle

밝음과 어둠

어둠은 누울수록 땅이 되고
밝음은 일어설수록 태양이 되는데
살아온 날이 많아질수록
자꾸만 어둠속에 눕는 날들

어둠은 누울수록 죽음이 되고
밝음은 일어설수록 생명이 되는데

늙어가면 늙어갈수록
자꾸만 어둠속에 눕게 되는
밝음

Lumière et obscurité

L'obscurité plus elle s'étend devient terre
La lumière plus elle s'élève devient océan
À mesure que les jours vécus s'accumulent
Ceux passés couchés dans l'obscurité se multiplient

L'obscurité plus elle s'étend devient mort
La lumière plus elle s'élève devient vie

Plus l'on vieillit plus l'on vieillit
Plus on s'allonge dans l'obscurité
Lumière

죽음이 주는 자유

죽음이 죽어야 자유로워진다며
산다는 구속으로부터
벗어나라고 한다

숨을 멈추고 나면
자유로워진다며
숨 쉬는 것을 점차
줄여나가라고 한다

이 세상과 이별하고 나면
자유로워진다며
이 세상과 결별할 준비를 하라고 한다

육적인 이 세상의 生이 죽고 나면
영적인 영겁의 저 세상이
무한정 자유로워질 수 있다며
산다는 구속으로부터
해방되는 기쁨을 만끽하라고 한다

La liberté dans la mort

On me dit que seule la mort
Affranchit des entraves de la vie
Qu'en elle seule réside la véritable liberté

On me dit de réduire peu à peu mon souffle
Afin qu'après le dernier soupir
Je puisse enfin être libre

On me dit de quitter ce monde
De m'en détacher
Voilà la voie de la liberté

On me dit de savourer la joie d'être libéré
Des contraintes de la vie terrestre
Car dans l'éternité une fois cette vie achevée
S'offre une liberté infinie

세월의 길

노부부가 손을 잡고 길을 걸을 때면
살아온 세월들이 꽃으로 피어나고 있는지
얼굴에 살포시 드리운 미소가
향기롭다

걷는 길이 점점 버거워져만 가는
얼마 남지 않은 세월의 길을
지금까지 희로애락을 한마음으로 동행한 그 마음으로
함께 손을 잡고 걷고 있는
노부부를 바라보고 있노라면

활짝 핀 사랑의 꽃향기가
은은하게 미소 짓고 있는
세월의 길

Le chemin du temps

Quand les vieux époux avancent main dans la main sur le chemin du temps
Leur vie passée se métamorphose en un jardin fleuri
Et les rides de leur visage où se dessine un tendre sourire
Embaument l'air d'un parfum de tendresse

Leur pas devient plus lent
Alors que le chemin s'amenuise
Mais après tant de joie et de peine
Un même amour les unit encore
Et ils poursuivent leur route main dans la main

A leur passage les fleurs de leur amour s'épanouissent et sourient
Embaumant le chemin du temps de leur doux parfum

바람이 불 때면

바람이 불 때면 바람의 세기에 따라
생계를 헤쳐 나가는 사람들의
삶의 모습이 보이는 것 같다

실바람이 불 때면
걱정 근심 없이 화기애애하게 살아가는 사람들의
삶의 모습이 보이는 것 같고

흔들바람이 불 때면
생계를 위해 고군분투하는 사람들의
삶의 모습이 보이는 것 같은데

센바람이 불 때면
온몸으로 세상과 맞부딪치며 생계를 헤쳐 나가는 사람들의
삶의 모습이 보이는 것 같고

싹슬바람이 불 때면
생계의 의지가 뿌리째 뽑혀버린 사람들의
삶의 모습이 보이는 것만 같아

바람이 불 때면 바람의 세기에 따라
이 세상 사람들의 생계의 모습을
떠올리게 된다

Au gré du vent

Quand le vent souffle, selon sa force,
On croit voir le quotidien de ceux
Qui se frayent un chemin pour survivre.

Quand un vent léger souffle
On croit voir le quotidien de ceux
Qui vivent sans souci dans la chaleur et l'harmonie.

Quand le vent fait chanceler
On croit voir le quotidien de ceux
Qui luttent avec acharnement pour subsister.

Quand le vent se déchaîne
On croit voir le quotidien de ceux
Qui affrontent le monde de tout leur corps pour survivre.

Quand le vent balaye tout
On croit voir le quotidien de ceux
Qui ont perdu jusqu'à l'espoir de vivre.

달이 뜨지 않는 밤이면

캄캄하기 그지없는
달이 뜨지 않는 밤이면
나는 외로워라

초승달이든 그믐달이든
달이 뜨지 않는 밤이면
나의 외로움은 캄캄하도록
아득하여라

보름달이 뜬 밤이면
나의 외로움은 환하도록 활짝 퍼져서
어머니의 그윽한 미소 같은
달맞이꽃을 피우느라 바쁜데

달이 뜨지 않는 어둔 밤이면
나의 외로움은
가도 가도 길 하나 보이지 않는
캄캄한 사막 같아라

Les nuits sans lune

Les nuits sans lune
Dans l'obscurité totale
La solitude m'envahit

Les nuits sans lune
Qu'elle soit nouvelle ou en déclin
Mon âme se perd
Dans une solitude abyssale

Quand vient la pleine lune
Ma solitude s'épanouit et illumine tout autour de moi
Telle la douceur du sourire maternel
Et je m'affaire à faire fleurir l'onagre avec amour

Par une nuit sombre et sans lune
Ma solitude est comme un désert obscure
Où l'on ne voit aucun chemin même en marchant sans fin

지구의 날을 맞아

지구의 날을 맞아
지구가 숨을 잘 쉬고 있는지
건강검진을 하듯
마음을 대고 지구의 숨소리를 듣는다

숨을 멈춘 곳엔 잡초들의 씨를 뿌려주어
어떠한 악조건 속에서도
다시 지구가 숨을 되살릴 수 있도록
생명의 활력을 불어넣어주는가 하면
숨소리가 들려오지 않을 것 같은 외진 곳엔
민들레 홀씨를 비롯한 풀꽃들이 씨를 날려주어
풀꽃들의 은은한 향기가
실개천처럼 흐를 수 있도록 처방을 해주면서
지구의 동맥의 혈관이
푸른 강과 푸른 바다처럼 숨을 쉬며 흐를 수 있도록
지구의 심장에 푸른 나무 한 그루를 심는다

머지않아 한 줌의 흙으로 돌아갈 내 몸이
지구를 오염시키지 않고
지구와의 영생을 위한 한 톨의 흙의 숨이 될 수 있도록
지구의 날을 맞아
내 몸에 촘촘히 틀어박혀 있는 물욕들을
말끔히 씻는다

En l'honneur du Jour de la Terre

Pour le Jour de la Terre
Comme lors d'un bilan de santé
J'écoute attentivement de tout mon cœur
Le souffle de la terre

Là où le souffle manque
Malgré les conditions les plus hostiles
On sème des graines d'herbes sauvages
Pour que la terre reprenne vie
Dans ces lieux reculés où le souffle se fait rare
Les graines de pissenlits et d'autres fleurs sauvages s'envolent
Pour que leurs parfums subtils
S'épanchent comme un ruisseau
On plante un arbre vert
Au cœur de la terre
Pour que ses artères respirent et coulent
Telles les rivières bleues telle une mer vivante

Pour que mon corps qui bientôt retournera à la terre
  Puisse devenir sans la polluer
  Un souffle de vie éternelle
  En ce jour de la terre
  Je purifie mon âme des désirs matériels qui l'étreignent

달무리를 볼 때면

보름달을 둘러싸고 있는
아름다운 달무리를 볼 때면

환하게 웃으실 때마다
어머니의 얼굴을 둘러싸고 있는
사랑의 달무리가 떠올라

달무리를 볼 때면
그동안 어두웠었던 마음을 헤쳐 가며
어머니의 숨결로 숨을 쉬고 있는 사랑이
초롱초롱 별처럼 눈을 뜨고 있지요

Quand je vois un halo de lune

Quand je vois le magnifique halo
Qui entoure la pleine lune

À chaque sourire éclatant
Je me souviens du halo d'amour
Qui entourait le visage de ma mère

Quand je vois le halo de la lune
Surmontant l'obscurité qui enveloppe mon cœur
L'amour qui respire grâce au souffle de ma mère
Ouvre des yeux qui scintillent comme des étoiles

독거노인들의 무덤

가파른 언덕길을 오를 때면
하루하루 죽을힘을 다해
삶의 언덕길을 오르고 있는
달동네의 독거노인들의 가파른 숨소리가
들려오는 것만 같아
한 발짝 한 발짝 가파른 숨소리로
언덕길을 오르게 된다

언덕길을 오르고 나면
나는 힘 하나들이지 않고도
평지에 다다를 수 있는 쉬운 내리막길을
걷게 되는데 반해
언덕 꼭대기에서 살고 있는 달동네 독거노인들은
왜 평지로 내려올 수 있는 내리막길을
쉽게 내려올 수 없는 것인지

삶의 절벽에 매달려있듯
언덕 꼭대기의 세상에
매달려 살고 있기 때문인 것은 아닌지
정작 평지로 내려가고 싶다는 애절함이
못 견디게 간절해질 때면
추락하듯 떨어진 평지에서
이 세상의 마지막 무덤이 되고 있는
달동네 독거노인들

Le tombeau des vieillards solitaires

Lorsqu'on gravit la pente raide,
On croit entendre le souffle rude
Des vieillards solitaires de ce bidonville accroché à la colline.
Jour après jour, puisant dans leur dernière force,
Ils gravissent le chemin escarpé de la vie.
Pas après pas, le souffle haletant,
Ils montent péniblement le chemin de la colline.

Après avoir gravi la colline,
Sans effort, je peux redescendre,
En empruntant sans peine la douce pente qui mène à la plaine.

Mais les vieillards solitaires de ce bidonville,
Pourquoi, alors qu'ils pourraient descendre vers la plaine,
Leur est-il si difficile de redescendre ?

Ils semblent vivre suspendus au bord d'un précipice,
Comme s'ils s'accrochaient encore
Au monde perché au sommet de la colline.

Et quand le désir de partir devient insupportable,
Ils chutent, précipités vers la plaine,
Pour devenir la dernière tombe de ce monde.

2부
Deuxième partie

삶의 식초

살아온 세월이 잘 익었다고 생각하게 되면
연륜이 지긋하신 어르신이라고 칭하고
살아온 세월이 시어 버렸다고 생각하게 되면
노친네라고 치부해 버리고 마는 세상에서
때로는 잘 익은 술을 왜 술식초로 만들기 위하여
세월의 시간들을 더 숙성시키려고 하고 있는지는 모르겠지만

식초가 반드시 가미되어야만
진미의 반찬이 될 수 있는 음식들처럼
세상을 살다 보면
시어버린 것 같은 노친네들의 삶이
오히려 더 사람 냄새로 발효된
가슴 찡한 울림의 세월일 때도 있어

가까이 다가가면 다가갈수록
갖은 악조건 속에서도
눈물 콧물의 세월을 가감없이 발효시켜 만든

삶 그대로의 맛을 맛보여주고 있는
무명초처럼 살아온
노인네들의 삶의 식초

Le Vinaigre de la Vie

Quand on pense qu'une vie a bien mûri,
On parle d'un ancien, d'un sage.
Mais si l'on croit qu'elle a tourné à l'aigre,
On la réduit à un vieillard sans intérêt.

Dans ce monde qui juge si vite,
On laisse parfois le temps fermenter,
Comme un vin qui mûrit encore,
Jusqu'à devenir un vinaigre d'exception.

Le vinaigre est essentiel
Pour révéler toute la saveur des plats d'accompagnement.
Ainsi, la vie de ces aînés,
Qui semble parfois fanée,
Recèle une profondeur humaine,
Une saveur troublante, vibrante d'émotions.

Plus on s'approche de ces vies marquées par l'adversité,
  Plus on découvre la saveur brute de leur existence,
  Une vie pétrie de larmes et de souffrances,
  Fermentée sans artifice au fil du temps.

Le vinaigre de la vie de ces êtres qui ont vécu humblement,
  Comme des herbes sauvages,
  Nous offre le goût de l'existence,
  Une saveur poignante et profonde,
  Fruit d'un long processus de maturation.

늦가을 밤

현악기와 금관악기와 목관악기가 한데 어울려
화음을 이루던 그 세월은 다 어디로 가버리고
콘트라베이스를 연주하듯이 불고 있는 바람과
타악기를 치는 듯한
가랑잎이 구르고 있는 가을밤이면

바람과 가랑잎을 따라가며
빈 벌판이 되어가고 있는
내 마음 깊은 곳의 가묘假墓를 쓰고 있던 사랑이
밤새 흰 국화꽃 향기로
무서리 내리듯
빈 벌판을 하얗게 덮고 있는 늦가을 밤

Nuit de la fin de l'automne

Où sont passées ces années
Où cordes, cuivres et bois s'unissaient en harmonie?
Le vent joue comme une contrebasse grave et profonde,
Et les feuilles tournoient, frappant la terre comme des percussions.

Par une nuit de fin d'automne,
Tandis que le parfum des chrysanthèmes blancs
Tombait doucement toute la nuit, tel le givre,
L'amour, gravant un tombeau provisoire
Au plus profond de mon cœur,
Le laissait peu à peu devenir un vaste désert,
Suivant le vent et les feuilles mortes.

가을이 오면

가을이 오면
빈 들판 같은 가슴이 되고 싶다

수고하고 무거운 짐을 다 내려놓은
추수하고 난 뒤의 빈 들판과 같은
가슴이 되고 싶다

벌판 가득 품 안에 품고 있기 바빴던
풍년에 대한 욕심을 다 비워버린
빈 들판 같은 가슴이 되어
피안의 세계까지
무소유의 바람이 막힘없이 불 수 있도록
지금까지 나의 마음속을 지배하고 있던 욕망들을
텅텅 비워버리고 싶다

Quand vient l'automne

Quand vient l'automne
J'aimerais que mon cœur soit comme une plaine vide

Après les durs labeurs, la récolte et les labours
J'aimerais que mon cœur soit comme un champ vide

Délesté de toute avidité pour une moisson abondante

J'aimerais vider mon cœur de tout désir
Pour que le vent du détachement souffle sans entrave
Jusqu'à l'autre rive

가을 달빛

귀뚜리 울음의 음색처럼
가을 달빛이 비치는 날이면
이별을 준비하는 나뭇잎들이
온몸 가득히 물든
그리움의 시간들을 염殮하고 있는지

바람이 불 때마다
흰 국화꽃 향기를
바람에 날리고 있는 가을 달빛

Clair de lune d'automne

Telle une cithare qui sanglote
Les nuits où luit le clair de lune d'automne
Les feuilles prêtes à l'adieu
Se parent d'une teinte de nostalgie
Et retiennent en silence le temps du souvenir

À chaque souffle du vent
Le parfum des chrysanthèmes blancs
Se répand doucement
Sous la lumière du clair de lune

가을보름달

가야금을 연주하는 듯이
보름달이
가야금의 음색으로 세상을 비치고 있는 가을날이면

가야금의 현을 떠난 파동이
내 가슴 속의 울림통 안에서
그리움의 공명을 일으키며
청아한 사랑의 노래를 부르듯이

밤새도록 안단테의 음색으로
가야금을 연주하고 있는
가을보름달

La pleine lune d'automne

En ce jour d'automne
La pleine lune illumine le monde
Et résonne aux tonalités du gayageum
Comme si elle en jouait
Les ondes quittant les cordes du gayageum
Font vibrer la caisse de résonance de mon cœur
Faisant naître un écho de nostalgie
Comme une pure chanson d'amour
Toute la nuit dans la douceur d'un andante
La pleine lune d'automne joue du gayageum

달무리를 바라보며

마음이 밝으면
보름달이 어둠을 물리면서
주변을 환한 빛으로 에워싸며
달무리를 만들 듯이

어둠에 갇혀
희망의 빛이라곤 바라볼 수 없는
주변 사람들의 마음들을
희망이 환한 빛으로 에워싸 줄 수는 없는 것인지

달무리를 바라보며
어둠을 물리면서
이웃들의 마음을 환한 빛으로 에워싸고 있는
내 마음의 보름달

En contemplant le halo de la lune

Si le cœur est lumineux,
Alors, comme la pleine lune repousse l'obscurité
Et enveloppe les alentours d'une lumière éclatante,
Il semble former un halo de lumière.

Mais ces êtres chers qui m'entourent,
Enfermés dans l'ombre,
Privés du moindre éclat d'espoir,
Ne pourraient-ils pas être enveloppés, eux aussi,
D'une lumière éclatante d'espérance ?

En contemplant le halo lunaire,
Tout en repoussant l'obscurité,
La pleine lune de mon cœur
Entoure le cœur des autres d'une lumière radieuse.

단풍을 바라보며

곱게 물들고 있는 단풍을 바라보며
당신의 마음속에서 나의 사랑도
곱게 물들어가길 염원합니다

물들어 간다는 것은
지난 세월 동안 한 마음이 되어
동행하였다는 사랑의 징표가 아닐는지요

물들어 간다는 것은
살아온 세월과 한 몸이 되어
동고동락하였다는 사랑의 정표가 아닐는지요

황혼녘과 저녁놀이 하늘을 곱게 물들이고 있듯이
당신의 마음속에서 나의 생애도
하늘을 곱게 물들이며 이 세상을 떠날 수 있길

지난 시간들을 곱게 물들이고 있는 단풍을 바라보며
사랑의 징표처럼
사랑의 정표처럼
유언하듯이 염원합니다

En regardant les érables

En regardant les érables qui se colorent magnifiquement
   je prie pour que mon amour s'épanouisse
   aussi tendrement dans ton cœur.

Se colorer, ne serait-ce pas le signe d'un amour
qui, au fil du temps, a uni nos cœurs
et nous a fait cheminer ensemble ?

Se colorer, ne serait-ce pas la preuve d'un amour
qui, à travers les années, s'est uni à nos vies
et a partagé nos joies et nos peines ?

Comme le crépuscule et les couleurs du soir
Teintent joliment le ciel,
Je prie pour que ma vie, dans ton cœur,
Puisse aussi colorer le ciel et quitter ce monde.

En regardant les érables

Qui colorent magnifiquement les temps passés,

Comme un signe d'amour, comme une preuve d'amour,

Je formule ce vœu comme un dernier souhait.

사랑하는 그대여

사랑하는 그대여
그대가 떠난 뒤에도 내 사랑이 물밀 듯 밀려옴은
난 아직 그대를 떠나보내지 못하고 있기 때문일레라

그대가 떠나면서 갯벌처럼 드러난
나의 마음 한 가운데 깊이 패인
사랑 길을 따라 흐르고 있는
나의 사랑의 눈물이
소소한 추억까지도 불러가며
그대의 사랑의 대양大洋으로 흘러가고 있는 것은
난 아직 이별의 아픔만큼
그대를 사랑하고 있기 때문일레라

사랑하는 그대여
그대가 떠난 뒤에도 사랑의 부두에 정박하고 있는 이별이
눈곱만치도 출항할 생각을 않고 있는 것은
그대의 사랑이 밀물처럼 밀려와
내 마음의 갯벌을 가득 채우고 있기 때문일레라

Toi que j'aime

Toi que j'aime, toi qui es partie,
Même après ton départ, mon amour déferle comme une marée,
Car je n'ai pas encore pu te laisser partir.

Ton départ, en se retirant comme la mer,
A révélé, en plein cœur de mon être,
Le sillon profond tracé par notre amour.
Mes larmes d'amour coulent le long de ce chemin,
Faisant revivre jusqu'aux souvenirs les plus infimes,
Et se déversent dans l'océan immense de ton amour.
Si je souffre autant de notre séparation,
C'est que je t'aime encore tout autant.

Toi que j'aime, toi qui es partie,
Même après ton départ, l'adieu reste à quai,
Sans jamais esquisser le moindre départ.
Car ton amour, comme une marée montante,
Vient inonder mon cœur encore et encore,
Ne lui laissant aucun espace pour l'oubli.

가을소리

갈대가 바람에 서걱일 때마다
가을소리가 들린다

바람이 불 때마다 쓰러질 듯 쓰러질 듯 흔들리면서도
그 때마다 노속蘆束하라고 말하고 있는
갈대의 가을소리가 들린다

갈대 한 줄기에 의지하여
양쯔강을 건넜다는 달마대사를 떠올리다 보면
바람이 불 때마다 쓰러질 듯이 은색 물결을 이루고 있는
갈대멍에 빠져
시경詩經의 갈대 하나를 타고
하수河水를 건너고 있는
가을소리를 듣는다

La voix de l'automne

À chaque bruissement des roseaux dans le vent
J'entends la voix de l'automne

Les roseaux vacillent comme sur le point de céder à chaque souffle
Mais à chaque instant ils murmurent : "Dors à la belle étoile"

Songeant à Bodhidharma traversant le Yang-Tsé sur une simple tige de roseau
Je me perds dans l'immensité des roseaux argentés
Ondulant sous le vent comme une mer calme

Me laissant porter par un roseau du Livre des Odes *(Shi Jing)*
Je traverse le Fleuve Jaune
Et j'entends la voix de l'automne

가을의 작별인사

가을은 그동안
품 안에 가득히 애지중지 품고 있던 소유와
분수分手하듯이,

그동안 잦았던 악천후에도 불구하고
품안 가득 풍성하게 수확할 수 있게 해준
감사의 마음을 담아
석별의 정을 나누듯
조연祖筵하고는

다시 또 빈 들판을 가득 채울
소산의 그 날을 기약하면서
빈 들판을 지나가는 바람처럼
분메分袂하듯이
작별 인사를 하고 있는 가을

Les adieux de l'automne

L'automne pendant tout ce temps
A gardé dans ses bras ce qu'il chérissait
Avant de s'en séparer comme résigné

Malgré les intempéries incessantes
Il a offert une récolte abondante
Et dans un dernier souffle d'adieu
Plein de reconnaissance et de tendresse
Il s'efface doucement

En attendant le jour
Où les champs se rempliront à nouveau
Comme le vent glissant sur les terres désertées
L'automne fait ses adieux

첫눈의 음표

쇼팽의 피아노 협주곡을 연주하듯이
첫눈이 내리는 날이면
마치 아름다운 선율에 젖어들 듯
첫눈의 음표 하나하나를 짚어본다

첫사랑의 몽환에 잠긴 보름달이
달빛을 흩뿌려주고 있는 것 같은
첫눈의 음표 하나하나를
시간 가는 줄 모르고 짚어보다 보면
끝내 사랑을 고백하지 못한 짝사랑을
달빛 속 꿈꾸듯이
쇼팽의 피아노 협주곡을 연주하고 있는
첫눈의 음표

Les notes de la première neige

Quand la première neige tombe
Comme si je jouais un concerto de Chopin
Telle une belle mélodie qui m'enveloppe
Je parcours une à une les notes de la première neige

Comme si la pleine lune plongée dans un rêve
Semait sa lumière sur un premier amour
Effleurant chaque note de la neige
Je m'oublie dans un temps suspendu

Et cet amour jamais avoué
Rêvé sous la lumière lunaire
Devient un concerto de Chopin
Joué par les notes de la première neige

눈이 하염없이 내리는 날이면

눈 위에 눈이 하염없이 내리는 날이면
백설로 덮여가는 세상이
길 하나 보이지 않는
설국雪國이 되어가듯이

하염없이 내리는 눈을 바라보다 보면
떠오르는 생각들이 백설로 덮여가며
눈(산스크리어트 Ihimta)의 거처(Iaya)라는
만년설의 히말라야 산 같은
설산雪山이 되어가고 있는지

눈이 하염없이 내리고 있는 날이면
나의 과거, 현재, 미래가 백설로 덮여가며
무념무상의 만년설이 되고 있는
히말라야 산

Quand la neige tombe sans fin

Quand la neige tombe sans fin sur la neige
Le monde se couvre de blanc
Et devient un pays de neige
Où plus aucun chemin n'existe

La neige qui tombe sans fin
Enfouit peu à peu mes pensées
Les transformant en montagne silencieuse —
Un Himalaya de neige éternelle

Quand la neige tombe sans fin
Mon passé, présent, futur disparaissent
Comme un Himalaya sans cimes
Je ne suis plus que neige
Vide et plein

나의 사랑이여

미세한 바람이 가녀린 속눈썹을 떨 듯이
푸른 풀잎을 스칠 때면
바람이 방울방울 이슬이 되어
푸른 풀잎을 촉촉이 적시고 있듯이

그대를 그리워하는 그리움만 스쳐도
그리움이 방울방울 호수가 되어
잔잔한 호수의 속눈썹을
꿈결처럼 깜박이고 있는
나의 사랑이여

Ô mon amour

Comme un souffle de vent léger
Fait frémir de fragiles cils
Lorsque le vent effleure les tendres feuilles d'herbe
Il se change en gouttes de rosée scintillantes
Qui viennent doucement
Rafraîchir le vert tendre des prés

Il suffit qu'un souffle de ma nostalgie de toi passe
Pour que ma mélancolie devienne
Un lac de gouttes lumineuses
Et les cils de ce lac paisible
Battent doucement
Comme dans un rêve...

사랑은 오로지 사랑으로 말하라

사랑은
말로 말하지 말고
눈빛으로 말하라

사랑은
몸으로 말하지 말고
마음의 숨결로 말하라

사랑은
물질로 말하지 말고
목숨을 순교하듯이 말하라

사랑은
오로지
사랑으로 말하라

Que l'amour ne s'exprime que par l'amour

L'amour
Ne le dis pas avec des mots
Mais laisse-le briller dans ton regard

L'amour
Ne l'inscris pas dans le corps
Mais souffle-le avec ton âme

L'amour
Ne l'offre pas en biens
Mais en un don absolu tel un martyr

L'amour
Uniquement l'amour

대파들의 나팔소리

한겨울 대파들을 볼 때면
마치 푸른 기상의 것을 곧추세우고
어깨를 쭉쭉 펴고 살라며
겨울 내내 푸른 나팔을 기운차게 불어주고 있는 것 같아

대파들을 볼 때마다
대파들의 나팔소리가
온몸 구석구석 혈류를 타고
푸르게 흐르고 있는 겨울

Le son des trompettes des poireaux

A chaque fois que je vois les poireaux en plein hiver
On dirait qu'ils redressent fièrement leur stature d'un vert vibrant
Etirant leurs épaules comme pour exhorter à se tenir droit et fort
Tout l'hiver ils semblent souffler avec vigueur dans leurs trompettes vertes

Chaque fois que je les regarde
Le son de leur trompette retentit
Circulant dans chaque recoin de mon corps
Porté par le courant de mon sang
Un hiver qui s'écoule en nuances de vert

3부
Troisième partie

사랑의 다리

사랑하는 그대여
언제든 그대가 건너올 수 있도록
내 마음에 사랑의 다리를 만들어 놓을게요

한시도 지체 없이 건너올 수 있도록
언제나 그대만이 아는 신호로
사랑의 손짓을 하고 있을게요

그대가 사랑의 다리를 건너올 때면
오작교를 건너오는 목숨 같은 사랑으로
언제든 그대만이 건너올 수 있는 사랑의 다리를
내 마음 속에 만들어 놓을게요

Le Pont de l'Amour

Ô toi que j'aime
Je bâtirai un pont d'amour dans mon cœur
Pour que tu puisses le traverser à tout moment

Afin que tu n'aies jamais à hésiter
Je ferai un geste d'amour
Un signal que toi seul pourras reconnaître

Lorsque tu traverseras ce pont d'amour
Avec un amour aussi précieux que la vie
Comme si tu marchais sur le pont d'Ojakgyo*
Je construirai en mon cœur un pont d'amour
Un pont que toi seul pourras emprunter

* Le pont d'Ojakgyo est un pont légendaire de Corée qui tient son origine d'une histoire d'amour.
Dans la légende, il est dit que Gyeonwu, un berger, et Jiknyeo, une tisserande, tombèrent éperdument amoureux et se marièrent. Malheureusement, leur union fut interdite par l'Empereur du Ciel qui les sépara et les condamna à vivre chacun d'un côté de la Voie lactée.
Cependant, leur amour était si fort que chaque année, le septième jour du septième mois du calendrier lunaire, des pies et des corbeaux se rassemblaient pour former un pont au-dessus de la Voie lactée, permettant aux deux amoureux de se retrouver pour une seule nuit. Ce pont est connu sous le nom de pont d'Ojakgyo, le pont des pies et des corbeaux.
Le pont d'Ojakgyo est devenu un symbole d'amour éternel et de la capacité de l'amour à surmonter tous les obstacles. Il est souvent utilisé dans la poésie et la littérature coréennes pour représenter un amour pur et passionné.

쇠들 몸속에는

바늘로 찔러도 피 한 방울 나지 않을 만큼
겉으로는 무표정하고
단단하기 그지없으셨지만
속은 열정이 용광로 같으셔서
세상살이가 험난하면 험난할수록
불꽃이 활활 타오르셨던 아버지처럼

겉으로는 차갑기 그지없고
단단하기 이를 데 없는 쇠들이
용접하거나 절단할 때마다
몸속에 있던 불들을 내뿜듯
불꽃들을 활활 피우고 있는 걸 보면
쇠들 몸속에는
이글이글 타오르는 용광로 같은 불이
가득 차 있기에

우리 집의 든든한 버팀목이셨던 아버지처럼
쇠들은 빌딩이나 아파트를 굳건히 받쳐주는
기둥이 되고 있나보다

Dans le corps du métal

Mon père,
À l'extérieur, impassible,
D'une dureté inébranlable,
Même si on l'avait piqué avec une aiguille,
Pas une goutte de sang n'aurait perlé.

Mais au fond de lui,
Brûlait une fournaise de passion.
Plus la vie était rude,
Plus les flammes s'élevaient,
Brûlant avec ardeur.

Tout comme mon père,
Ces métaux,
Durs et froids en apparence,
Lorsque la soudure les touche,
Lorsque la lame les tranche,
Laissent jaillir les feux cachés en leur sein.

Leur corps tout entier,
Rempli d'un brasier incandescent,
Comme un haut fourneau.

Tout comme mon père,
Pilier solide de notre maison,
Les métaux deviennent ces colonnes,
Soutenant fermement
Les immeubles et les appartements.

나의 사유思惟

꽃이 사유하고 있을 때 그 속에 들어가
사유하고 있으면
나의 사유는 꽃의 향기가 되고

풀잎이 사유하고 있을 때 그 속에 들어가
사유하고 있으면
풀잎의 푸름이 되고 있는데

하늘이 사유하고 있을 때 그 속에 들어가
사유하고 있으면
호수속의 맑은 하늘이 되어

그 임이 사유하고 있을 때 그 속에 들어가
사유할 때면
사랑이 맑은 호수 같은 하늘이 되고 있는
나의 사유

Ma pensée

Quand la fleur médite, je m'immerge en elle
Si je médite
Ma pensée devient le parfum de la fleur

Quand le brin d'herbe médite, je m'immerge en lui
Si je médite
Je deviens la verdure du brin d'herbe

Quand le ciel médite, je m'immerge en lui
Si je médite
Je deviens le ciel limpide reflété dans le lac

Quand cette personne médite, je m'immerge en elle
Quand je médite
L'amour se transforme en un ciel aussi pur qu'un lac
Ma pensée

사랑의 의미

내가 그대의 운명이 되었고
그대가 나의 운명이 되었을 때
비로소 그대와 나는
사랑이 하나가 되었구나

나의 생명은 그대의 것이 되었고
그대의 생명은 나의 것이 되었을 때
비로소 그대와 나는
한 운명의 사랑의 상징이 되었구나

내가 그대로 인해
의미 없던 사랑에서 부활하게 되고
그대는 나로 인해
의미 없던 사랑에서 부활하게 되었을 때
그대와 나는 비로소
살아있는 참사랑의 의미가 되었구나

Le sens de l'amour

Lorsque je suis devenu ton destin
Et que tu es devenu le mien
Alors, toi et moi,
Sommes devenus un dans l'amour

Lorsque ma vie est devenue tienne
Et que ta vie est devenue mienne
Alors, toi et moi,
Sommes devenus le symbole d'un amour
Unis en un même destin

Lorsque, grâce à toi,
Je suis rené d'un amour sans sens
Et que, grâce à moi,
Tu es renée d'un amour sans sens
Alors, toi et moi, enfin,
Sommes devenus l'essence du véritable amour
Un amour vivant.

구두 수선공의 노래

세상을 꼿꼿하게 걸을 수 있도록
자존을 높여주던 하이힐 뒷굽이
더 이상 꼿꼿하게 걸을 수 없게 닳아 버렸거나
눈 코 뜰 새 없이 생계를 위해
세상을 뛰어다니던 구두 뒷축이
닳아빠질 대로 닳아빠져
더 이상 세상을 힘차게 디딜 수 없게 될 때면

날이면 날마다 닳아빠진 자존이나 굳센 의지를
원래대로 회생할 수 있도록
온몸과 마음으로 부둥켜안고 수선하고 있는
구두 수선공의 노래가
세상을 꼿꼿하게 걷고 있는
자존을 높인 하이힐 뒷굽 소리와
세상을 굳센 의지로 딛고 있는 구두 뒷축 소리들로
서로 서로 어우러지면서
활기찬 맥박으로 거리를 활보하게 만들고 있는
새벽 출근길

Le chant du cordonnier

Quand les talons hauts, autrefois symboles de fierté,
Sont usés au point de ne plus permettre une démarche assurée,
Ou quand les semelles, qui ont foulé le monde pour gagner sa vie,
Sont si abîmées qu'elles ne peuvent plus avancer avec force

Jour après jour, le cordonnier, avec son cœur et ses mains,
S'efforce de redonner vie à la fierté blessée et à la volonté affaiblie.
Son chant, celui d'un artisan dévoué,
Se mêle au cliquetis des talons hauts retrouvant leur assurance,
Et au pas ferme des chaussures reprenant leur marche conquérante.
Ensemble, ces sons harmonieux rythment les rues d'une pulsation nouvelle,
Animant le chemin matinal vers le travail.

손

평생 자식들을 농사지으시느라
세월을 경작하시던
호미 손 같았던 어머니의 손과
쇠스랑 손 같았던 아버지의 손을 볼 때면

그동안의 세월이
얼마나 가물고 홍수로 범람하였었는지
메마른 손등 위에 쌓인
주름진 세월 속에서
흩날리고 있는 가랑잎 소리와 검불 소리가
들려오고 있는 것만 같은데

이제 머지않아
어머니와 아버지의 손 위에 머물고 있던 생의 시간들이
소멸을 예고하는 듯이
겉가죽이 쭈글쭈글
메마른 흙의 주름으로 드러나고 있는
세월의 손

Les Mains

Quand je vois les mains de ma mère, semblables à une houe,
Et les mains de mon père, semblables à une fourche,
Eux qui, toute leur vie,
Ont veillé sur leurs enfants et labouré les années sans relâche.

Je mesure combien d'années
Furent brûlantes de sécheresse ou submergées par les crues :
Sur le dos de leurs mains, crevassées et sèches,
Le bruissement des feuilles mortes et des brindilles
S'élève, fragile écho du temps qui s'use.

D'ici peu,
Le temps de vie niché dans leurs paumes,
Comme pour annoncer son extinction,
Fera éclore des rides en écorce,
Rides de terre craquelée,
Mains du temps qui se dérobe.

전혀

쨍쨍한 날에
예고 없이 소나기가 쏟아지다가
다시 쨍쨍해지듯

죽을 것만 같은 사랑의 열병도
눈치 채지 못하는 척 하는
그녀 앞에서는

시치밀 뚝 떼듯이
금시초문이 되는
전혀

Pas du tout

Un jour de soleil éclatant,
Une averse s'abat sans prévenir —
Puis le soleil revient, aveuglant.

Ainsi l'amour,
Fièvre qui menace de tout emporter,
Devant elle,
Qui feint de ne rien voir,
S'éteint d'un coup —

Comme si de rien n'était.
Pas du tout.

생물시계

오후 7시가 되면
어둠 속에서 밤새 눈을 활짝 뜨고 있다가
오전 7시가 되면 눈을 감는
야간 경비원 K씨는
어둠 속에서 살아 숨 쉬는 생물시계이지요

세상이 눈을 감는 시간이 되면
어둠 속에서 세상을 지키기 위해
눈을 활짝 뜨고는
밤새 경비를 서고 있는
K씨의 째깍째깍 살아 숨 쉬고 있는 시계 소리가
호흡이 길어질수록
이슬 영롱한 새벽 꽃이
지구를 환히 밝혀주기 위하여
활짝 피고 있는 걸 보노라면

경비원 K씨는
지구의 어둠을 밝혀주기 위하여
어둠 속에서 쉼 없이 살아 숨 쉬고 있는
생물시계이지요

L'horloge vivante

À 7 heures du soir,
Dans l'obscurité, il ouvre grand les yeux et veille toute la nuit,
Puis à 7 heures du matin, il les ferme.
Le gardien de nuit, Monsieur K,
Est une horloge vivante qui respire dans l'ombre.

Quand le monde ferme les yeux,
Lui les garde grands ouverts.
Dans l'obscurité,
Il monte la garde toute la nuit,
Et son tic-tac, vif et palpitant,
Se mêle à sa respiration profonde.

À mesure que son souffle s'allonge,
Comme une fleur perlée de rosée
Qui s'épanouit à l'aube pour illuminer la Terre,
Le temps se déploie en silence.

Le gardien, Monsieur K,
Est une horloge vivante,
Qui, dans l'obscurité, veille sans relâche
Pour éclairer les ténèbres du monde.

가진 것이 하나도 없을 때

내가 가진 것이 하나도 없을 때
당신은 나에게로 와서
내가 가진 것이 많아지자
당신은 나에게서 떠나려 한다

가진 것이 하나도 없을 때는
나의 생명의 심장이었던 당신이
내가 가진 것이 많아지자
당신은 내가 가진 것 중
하나의 소유에 불과한 것 같다며
이제 나에게서 떠날 때가 된 것 같다고 한다

내가 가진 것이 하나도 없을 때는
심장에서 흘러내리는 뜨거운 사랑의 눈물이
냉골방 같았던 나의 우주를 뜨겁게 달구어
그 순간 죽어도 여한이 없다고 생각했었던 내가
가진 것이 많아지자
갈수록 점점 당신의 사랑 줄을

느슨하게 잡고 있는 것 같다며
이제 나에게서 떠날 때가 된 것 같다고 한다

Quand je n'avais rien

Quand je n'avais rien
Tu es venu vers moi
Mais lorsque j'ai eu tant de choses
Tu as voulu t'éloigner

Quand je n'avais rien
Tu étais le cœur battant de ma vie
Mais lorsque j'ai eu tant de choses
Tu as dit n'être plus qu'un bien parmi d'autres
Et qu'il était temps de partir

Quand je n'avais rien
Les larmes brûlantes d'un amour jaillissant de mon cœur
Ont réchauffé mon univers autrefois glacé
À cet instant mourir ne m'aurait laissé aucun regret
Mais lorsque j'ai eu tant de choses
J'ai senti le fil de ton amour se relâcher peu à peu
Et tu as dit qu'il était temps de partir

아침 식탁

오전 5시 45분,
해돋이처럼
아내가 기지개를 활짝 펴듯

간밤 사이에
작약꽃이 꽃잎을 활짝 폈다

병충해로 시름시름 앓던 작약이었는데
기력을 되찾았는지
안색이 밝은 아내가
조반을 준비하는 도마질하는 소리가
리드미컬하게 리듬을 타고 흐르듯
작약꽃 향기가 향기로워

아내의 사랑을 음복하듯
아침 식탁에 둘러앉은
우리 집 가족들

La table du petit-déjeuner

5 h 45 du matin
Tel un lever de soleil
Mon épouse s'étire avec grâce

Durant la nuit
Les pivoines ont largement ouvert leurs pétales

Elles qui jadis affaiblies par la maladie et les parasites
Languissaient en silence
Auraient-elles retrouvé leur vigueur ?
Le teint radieux de mon épouse illumine le matin
Et le rythme cadencé du couteau sur la planche à découper
S'écoule comme une mélodie
Tandis que le parfum enivrant des pivoines emplit la pièce

Notre famille est assise autour de la table du matin
Comme si nous buvions le vin offert aux ancêtres

가장 아름다운 유언

살날이 적어질수록
뼈만 남아가는 몸처럼
말도 살을 빼고
뼈로만 말을 하라는 것 같아
뼈가 될 유언을 궁리 중에 있는데

말을 할 때마다
왜 늙어갈수록 그렇게도 말이 밋밋해지고
멋이 없어지느냐며
말에 아름다운 꽃을 피워볼 수 없느냐는
아내의 핀잔을 받다보니
뼈만 남아가는 몸과는 반대로
미사여구도 사용해보고
형용사도 붙여보고 부사도 넣어보면서
가장 향내나는 아름다운 사랑의 꽃을 피울
유언을 생각하느라
끊임없이 살을 붙여보고 있는
나의 말

Le plus beau testament

À mesure que les jours diminuent
Comme un corps qui ne laisse plus que des os
Les mots aussi perdent leur chair
Il semble que je doive désormais parler avec des mots réduits à l'os
Je réfléchis à un testament qui ne serait fait que d'os

Chaque fois que je parle
Ma femme me reproche :
"Pourquoi, en vieillissant, tes mots deviennent-ils si plats,
Si fades, sans éclat ?
Ne peux-tu pas faire éclore de belles fleurs avec tes paroles ?"

Alors contrairement à ce corps qui s'amenuise
J'essaie d'orner mes mots
D'y ajouter des figures, des adjectifs, des adverbes,

Et je cherche sans cesse à composer un testament
D'où s'élèverait la plus belle fleur d'amour au parfum enivrant
Sans relâche je rajoute de la chair à mes mots
Mes mots

까치집을 바라볼 때면

미루나무 꼭대기의 까치집을 바라볼 때면
유목민들이 떠오른다

까치들이 날아다니다
눈에 드는 미루나무 꼭대기에
집을 짓고 살다가는
또 다른 미루나무 꼭대기의 집으로 옮겨 다니며
훨훨 자유로이 날아다니고 있는 까치들을 볼 때면
풀 따라 물 따라
정처 없이 거소를 옮겨 다니며 사는
유목민들이 떠올라

까치집 배경으로 보이는
고층 아파트의 규격된 네모 칸 속에 갇혀 사는
내 마음의 족쇄를 풀고는

마음 가는대로
푸른 초장과 맑은 물이 흐르는 곳을 찾아
발길을 옮긴다

Quand je contemple le nid de pies

Quand je contemple le nid de pies
Au faîte du peuplier
Je pense aux nomades

Quand je vois les pies voler
Choisir un peuplier qui leur plaît
Y bâtir un nid, y vivre un temps,
Puis s'en aller vers un autre arbre
Libres et légères dans le vent
Je pense aux nomades
Qui suivent l'herbe et l'eau
Sans attaches, sans entraves

Avec en arrière-plan le nid de pies
Les tours aux cases identiques
Je défais les chaînes de mon cœur

Et là où mon cœur me guide
Vers les prairies baignées de lumière
Vers les rivières aux eaux limpides
Je me mets en chemin

민들레꽃처럼

내 사랑을 당신에게 아낌없이
다 드릴게요

바람이 불 때마다 한 점 남김없이
바람에 날려가는 민들레 홀씨처럼
내 사랑을 아낌없이
당신에게 다 드릴게요

세상이 눈여겨보지 않는 갓길이건
혹은 수도 없이 세상의 혹한이나 삭풍으로
사랑이 꽃피지 못하게 하거나
죽일 듯이 짓밟고 다니는 보도블록 틈사이건
어디든 간에 굴하지 않고 환한 미소로 피어있는
민들레꽃처럼
일편단심인 내 사랑을
아낌없이 당신에게 다 드릴게요

죽으나 사나 일편단심인 내 사랑의 영혼을
한 점 아낌없이 바람에 날려가는
민들레 홀씨처럼
아낌없이 당신에게 다 날려 보내드릴게요

Comme une fleur de pissenlit

Je te donnerai tout mon amour,
Sans réserve.

À chaque souffle du vent, sans rien retenir,
Comme les graines de pissenlit emportées au loin,
Je t'offrirai, sans en garder la moindre part,
Mon amour tout entier.

Que ce soit sur le bord d'un chemin que le monde ignore,
Ou sous les froids extrêmes et les vents violents
Qui empêchent l'amour d'éclore,
Ou entre les fissures des pavés, piétiné, comme voué à disparaître.
Partout, sans fléchir, avec un sourire radieux,
Comme une fleur de pissenlit,
Je t'offrirai mon amour,
Fidèle et inébranlable, sans réserve.

L'âme de mon amour, indéfectible à jamais,
Dans la vie comme dans la mort.
Comme les graines de pissenlit portées par le vent,
Sans en garder la moindre part,
Je te donnerai tout mon amour, sans réserve.

마음을 주고받자 한다

보도블록 틈 사이에 핀 민들레꽃들이
가던 발걸음을 멈추게 하곤
마음을 주고받자 한다

무수한 발자국에 짓밟히는 운명 속에서도
방긋 방긋 웃으며
마음을 주고받자 한다

길을 가는 내내
발걸음을 멈추게 하곤
내 마음이 민들레꽃처럼 방긋 방긋 웃을 때까지
마음을 주고받자 한다

Les pissenlits murmurent : Échangeons nos cœurs

Dans les fissures des pavés
Les pissenlits en fleur
Font s'arrêter nos pas
Et murmurent : Échangeons nos cœurs

Même écrasés sous mille pas
Ils sourient encore et encore
Et murmurent : Échangeons nos cœurs

Tout au long du chemin
Ils font s'arrêter nos pas
Jusqu'à ce que mon cœur comme eux
S'épanouisse comme un sourire
Et murmurent : Échangeons nos cœurs

행복해하자

보도블록 틈 사이에 핀 민들레꽃들이
가던 발걸음을 붙잡고
행복해하자하며
생긋 웃는다

천근만근인 마음을 내려놓고
잠시 쉬었다 가라하며
하루에도 수없이 짓밟히며 살아야 하는 운명이라 할지라도
살아 숨 쉬고 있다는 것만으로도
얼마나 큰 선택받은 사랑의 신탁이냐 하면서
행복해하자하며
방긋 방긋 웃는다

Soyons heureux

Les pissenlits fleurissant entre les pavés
Retiennent un instant les pas
Et, dans un doux sourire, murmurent :
« Soyons heureux. »

Ils nous invitent à déposer nos cœurs lourds
À faire une pause ne serait-ce qu'un instant
Même piétinés à chaque instant
Le simple fait de vivre, de respirer
N'est-ce pas un tendre oracle d'amour, un don précieux ?

Alors ils sourient encore et encore,
En disant :
《Soyons heureux.》

4부
Quatrième partie

아름다운 말을 하면

꽃들이 아름다운 말을 하면
향기가 진동하고

새들이 아름다운 말을 하면
청명한 하늘이 끝없이 펼쳐지듯

샘물이 아름다운 말을 하면
가슴 속이 정수되듯 촉촉이 맑아지고

실개천이 아름다운 말을 하면
부르는 노래마다 꾀꼬리 같아라

강이나 바다가 아름다운 말을 하면
아름다운 말의 여운이
금사金絲처럼 반짝이고

사람이 아름다운 말을 하면
가슴 속의 사막이
푸른 오아시스가 되어라

Si l'on dit de belles paroles

Si les fleurs disent de belles paroles
Leur parfum vibre dans l'air

Si les oiseaux disent de belles paroles
Le ciel clair s'étend à perte de vue

Si l'eau de source dit de belles paroles
Le cœur se purifie, devient limpide et clair

Si le ruisseau dit de belles paroles
Chaque chant ressemble à celui d'un rossignol

Si la rivière et la mer disent de belles paroles
L'écho des mots
Scintille comme les étoiles

Si l'homme dit de belles paroles
Le désert dans son cœur
Devient une oasis verdoyante

풀꽃 호롱불

풀꽃들이 가슴에 와 닿는 걸 보니
내가 풀꽃들이 되고 싶은 나이가 되었나보다

세상사람 누구 하나 심지 않았는데도
도로가변이나 가로수 밑동을 비롯하여
보도블록 틈 사이를 비집고 나와 꽃을 피우거나
건물 외벽 틈 사이 같은
척박하기 그지없는 환경 속에서도
청아한 미소를 지으며 활짝 꽃피우고 있는
풀꽃들을 보면
이 세상에 태어나 숨을 쉬고 있다는 것이
얼마나 행복한 일인 줄 아느냐며
다정스레 눈인사를 건네고 있는 것만 같아

온갖 풀꽃들과 일일이 눈인사를 나누다보면
세상과 담을 쌓고 살아가느라
심심산골 같기만 한 내 마음에
호롱불을 환히 밝혀주고 있는
풀꽃들

Fleurs sauvages, courant de lumière

Quand les fleurs sauvages viennent effleurer mon cœur
Je me demande si j'ai atteint l'âge
Où l'on aspire à devenir comme elles

Personne ne les a semées, pourtant,
Le long des routes, au pied des arbres,
Entre les fissures des trottoirs, elles éclosent,
Ou s'accrochent aux murs des bâtiments,
Dans des lieux arides, ingrats,
Elles sourient avec pureté et fleurissent avec fougue.

Voir ces fleurs sauvages
Me rappelle combien il est précieux
De naître en ce monde et de respirer.
Elles semblent m'adresser un regard complice,
Comme pour me saluer avec tendresse.

À force de croiser leurs yeux,
Mon cœur, qui vivait cloîtré, loin du monde,
Tel un vallon perdu dans les montagnes,
Se trouve illuminé par ce courant de lumière.

어머니의 사랑바람

세상천지 꽃들이 만발하는 오월이면
바람은 꽃바람이 되어 분다

들판에서 어린아이들의 해맑은 웃음소리 같은
풀꽃바람이 불면

산 녘에는 호젓한 산길을 따라
산등성이를 타고 올라가며
야생화 꽃바람이 불 듯

어머니가 심어 놓으신 철쭉과 영산홍을 비롯하여
담장을 타고 올라가며 피고 있는 넝쿨장미들이
우리 집 뜨락에서
사랑꽃 바람으로 불면

깊은 계곡을 따라 흐르고 있는 계곡물 같은 사랑이
내 마음 가득
사랑꽃들의 뿌리를 촉촉이 적셔주며
불고 있는
어머니의 사랑바람

La brise d'amour de ma mère

En mai, quand les fleurs s'épanouissent à travers le monde,
le vent se fait brise fleurie.

Quand le vent des fleurs sauvages s'élève,
pareil aux rires clairs des enfants dans les champs,
Sur les flancs des montagnes, le long des sentiers paisibles,
il gravit les collines, portant le parfum des azalées.

Les clématites, les immortelles et les roses grimpantes,
que ma mère a plantées,
s'élancent le long du mur,
et quand elles s'épanouissent dans la cour de notre maison,
le vent se change en souffle d'amour.

Tel un ruisseau serpentant dans la vallée,
ce souffle emplit mon cœur,
caressant de rosée les pétales des fleurs d'amour,
tandis que la brise d'amour de ma mère continue de souffler.

어머니의 사랑

어머니는 나를 섬기었다
일찍이 어머니의 만고萬古 만건곤滿乾坤 강물에서
10달 동안 세례를 받는 동안
내가 집안의 십자가를 짊어지고 가야 한다는 걸
이미 예측하셨는지
지극정성 사랑으로 어머니는 나를 섬기었다

이 세상을 살아가는 내내
내가 짊어지고 갈 십자가를
내가 눈치 채지 못하게 일평생을 대신 짊어지시고는
이 세상에서의 마지막 무언의 말씀까지도
오로지 사랑한다는 말씀이
이 세상에서의 마지막 인사인 듯

어머니가 왜 그토록 평생 동안 나를 섬기려고 하였는지
미세하게 떨고 있는 어머니의 속눈썹을 바라보며
잉태되고 있는 하나님의 사랑을 보고 있는
어머니의 만고萬古 만건곤滿乾坤 강물

L'amour de ma mère

Ma mère s'est entièrement dévouée à moi.
Tôt, dans le fleuve de ses souffrances infinies,
Dans cet univers rempli de douleur,
Pendant dix mois, baigné dans ces eaux comme dans un baptême,
Peut-être avait-elle déjà pressenti
Que je devrais porter la croix de ma famille.

Avec un amour sincère et infini, ma mère s'est consacrée à moi.
Tout au long de ma vie,
Sans que je le sache, elle a porté à ma place
Le fardeau que je devais assumer.
Jusqu'à ses derniers mots silencieux en ce monde,
Ses seules paroles furent : « Je t'aime. »
Comme si c'était son ultime adieu.

Pourquoi ma mère a-t-elle tant voulu se sacrifier pour moi toute sa vie ?

En regardant ses paupières trembler doucement,
Je vois dans ses yeux
L'amour de Dieu en train de s'accomplir.
Dans le fleuve de ses souffrances infinies et de son monde tout entier.

씀바귀꽃

온몸에 쓰디쓴 물이 가득 찬 씀바귀꽃들이
순박하기 그지없는 예쁜 꽃들을 피우고 있는 걸 보면
인생의 쓴맛을 보고 난 사람들이
쓰디쓴 인고의 세월들을
아름다운 꽃으로 피우고 있는 것 같아

길손을 반겨주는
씀바귀꽃들을 바라보고 있노라면
쓰디쓴 인고의 세월들을
부둥켜안고 사셨음에도
순박한 미소를 꽃잎 활짝 펼치듯이 꽃 피우셨던
어머니의 얼굴이 떠올라

씀바귀꽃들을 볼 때면
어머니의 미소 같은 향을 맡느라
시간 가는 줄 모르고 맡고 있는
씀바귀꽃 향기

Les fleurs de cardamine

Les fleurs de cardamine,
Gorgées d'une sève amère,
Éclosent pourtant avec une simplicité infinie.

Elles me rappellent ces êtres
Qui, après avoir goûté à l'amertume de la vie,
Transforment les années de labeur et de silence
En une floraison douce et lumineuse.

Quand j'observe ces fleurs qui saluent les passants,
Me revient en mémoire le visage de ma mère.
Elle aussi, malgré les années d'épreuves,
Fleurissait d'un sourire simple,
Comme un pétale s'ouvrant au matin.

Alors, devant les fleurs de cardamine,
Je respire leur parfum, écho de son sourire,
Et sans m'en apercevoir,

Je me laisse emporter,
Oubliant le cours du temps.

귀가 시간

돌아갈 집이 있다는 건
행복한 일일 것이다

귀가하길 기다리는 식구가 있다는 건
더 더욱 행복한 일일 것이다

돌아오고 있는 발걸음을
마음속으로 한 발짝 두 발짝 세어가면서
귀가하고 있거나
저녁 식탁을 차리며 돌아오고 있는 발걸음 소리를
마음을 쫑긋 세우고는
걸음걸음 귀담아 듣고 있는 사람들의 귀가 시간은
오로지 귀한 목숨처럼 서로를 사랑하고 있는 사람들의
한 치도 오차 없는 마음의 합궁일 것이다

그러기에 별 하나 뜨지 않는
캄캄한 귀가 시간일 때도
그들의 마음속에선 서로의 마음을 비춰주는
사랑의 별이 반짝반짝
영롱한 빛을 발하고 있을 것이다

L'heure du retour

Avoir un foyer où revenir,
C'est un bonheur.
Avoir quelqu'un qui attend votre retour,
C'est un bonheur encore plus grand.

Ceux qui, en silence, comptent chaque pas sur le chemin du retour,
Un pas, puis un autre, au rythme du cœur,
Ou ceux qui, en dressant la table du soir,
Écoutent, attentifs, le bruit des pas qui approchent,
Partagent alors un instant d'harmonie absolue,
Comme des âmes précieuses liées par un amour sans faille.

C'est pourquoi, même quand l'heure du retour est sombre et froide,
Sans une seule étoile dans le ciel,
Dans le cœur, où brille la présence de l'autre,
Les éclats de l'amour scintillent,
Faisant naître une lumière infinie.

나무들은

나무들은 우산을 쓰지 않고
비가 오면 오는 대로 비를 맞고 자라기에
짙푸른 녹음으로 우거질 수 있나보다

나무들은 가리는 것 하나 없이
늘상 하늘을 우러러 보고 자라고 있기에
아름다운 꽃을 피울 수도 있고
쉴 새 없이 새들이 날아와
아름다운 노래를 불러주고 있나보다

나무들은 땅속에 발의 뿌리들을 깊숙이 붙박고는
든든한 기둥처럼 자라고 있기에
풀꽃들이 나무들을 의지 삼아
나무들 밑동에서 향기로운 꽃을 피우기도 하고
수목장의 나무들처럼 땅속에 묻힌 영혼들을
짙푸르게 녹음 진 영혼으로
하늘로 승천할 수 있도록
하게하고 있나보다

Les arbres

Les arbres, sans parapluie,
Reçoivent la pluie telle qu'elle vient
Et grandissent ainsi
Déployant leur ombre dense et verdoyante.

Les arbres, sans rien dissimuler,
Toujours tournés vers le ciel
Font éclore de belles fleurs
Tandis que les oiseaux, sans relâche,
Viennent y chanter leurs plus doux airs.

Les arbres, ancrant profondément leurs racines dans la terre,
Se dressent comme de solides piliers.
Les fleurs sauvages s'y appuient
Et s'épanouissent à leur pied.

Et dans les forêts-cimetières,

Ils veillent sur les âmes endormies,
Les aidant à s'élever vers le ciel,
Revêtues d'un feuillage éternel.

이스라엘과 팔레스타인의 전쟁

잠잠하다싶으면 일어나고 있는
이스라엘과 팔레스타인의 전쟁으로
애꿎은 민간인들만 죽어나가고 있는 것을 볼 때마다
마치 민간인들의 목숨이
신에게 바치는 산 제물이라도 되는 양
민간인들의 생명을 살상하고 있는 것 같아

그 두 나라의 전쟁이 발발할 때면
70년이 넘은 지금까지도 치유되지 않고 있는
6·25전쟁의 산 제물로 돌아가신
부모님에 대한 믿기지 않는 아픔이 떠올라
가슴이 저며 오듯

양쪽의 민간인 사상자의 숫자가 발표될 때마다
고아들의 울부짖는 아비규환이
평생 불구의 통곡처럼 들려오고 있는
이스라엘과 팔레스타인의 전쟁

La guerre israélo-palestinienne

À peine le silence semble-t-il revenu
Que la guerre entre Israël et la Palestine
Éclate à nouveau.
Et chaque fois, ce sont des civils innocents
Qui meurent inutilement.
Leur vie semble sacrifiée
Comme une offrande à une divinité insatiable.

À chaque flambée de violence,
Une douleur inimaginable remonte en moi :
Celle de mes parents,
Tombés en victimes du conflit du 25 juin,
Un sacrifice qui perdure
Par une guerre qui, plus de soixante-dix ans après,
N'a toujours pas refermé ses plaies.

Mon cœur se déchire,
Comme frappé par une douleur invisible.

Et chaque fois qu'est annoncé
Le nombre de civils massacrés,
Les cris des orphelins en détresse
Résonnent en moi,
Pareils à une plainte sans fin,
Un sanglot mutilé qui ne s'éteindra jamais.

촛불

가슴이 타들어가듯이
눈물 흘리고 있는 당신을 보며
당신이 왜 그토록
나의 운명을 둘러싸고 있는 어둠을 밝혀줄
불빛이 되려고 하였는지

목숨을 바쳐가며
불빛을 밝혀주고 있는 당신을 볼 때면
나도 기꺼이 당신을 위해
목숨을 바치는 숙명 같은 사랑으로
전 생애를 다비하리라
녹아내리고 있는
나의 사랑의 불빛

Flamme

En te voyant verser des larmes,
Comme l'eau qui s'écoule dans une rizière,
Mon cœur brûle et se consume.

Pourquoi as-tu tant voulu,
Au prix de ta vie,
Devenir cette lueur
Qui dissipe l'obscurité entourant mon destin ?

Quand je te vois, toi qui offres ta vie
Pour entretenir cette flamme,
Moi aussi, avec joie,
Je consacrerai mon existence tout entière à toi,
Dans un amour voué au sacrifice,
Comme un destin inéluctable.

La lumière de mon amour
Fond et se consume.

마지막 잎새

살아가면서 이 세상을 하직한 사람들과의 이별보다도
함께 이 세상을 호흡하고 있는 사람들과의 이별이
점점 많아지고 있는 걸 보니
이 세상을 떠날 때가 가까워져오고 있다는
예감이 드는 요즘

무인도섬에서 나부끼고 있는 마지막 잎새가
누구를 위하여 종을 울리는지
'존 던'*의 기도문을 읊고 있는데

이 세상의 마지막까지를 떠나
내세에서 영겁까지도
잡은 손을 놓지 않겠다는 아내의 손을
어떻게 놓아야 할지

마지막 잎새의 종소리가 울릴 때마다
잡은 손에 더욱 힘을 주고 있는
아내의 손

* '존 던'(1572~1631) - 17세기 영국 성공회 성직자

La Dernière Feuille

En vivant dans ce monde, je réalise que, plus encore que les adieux aux êtres disparus, ce sont les séparations d'avec ceux qui respirent encore à mes côtés qui se multiplient.

Ces temps-ci, cette prise de conscience me donne le pressentiment que l'heure de mon propre départ approche.

Dans ce désert du monde, la dernière feuille tremble au vent··· Pour qui sonne la cloche ?

Murmurant la prière de John Donne*, je me demande comment lâcher la main de mon épouse — celle qui jure de ne jamais relâcher la mienne, même au-delà de ce monde, jusque dans l'éternité.

Chaque fois que résonne la cloche de la dernière feuille, la main de mon épouse se resserre un peu plus sur la mienne.

*John Donne (1572-1631) - Clerc anglican anglais du XVIIe siècle

아내의 손

아내의 손이 언제나 따뜻한 것은
난로 같은 아내의 몸 안에서
사랑의 불꽃이
항상 뜨겁게 활활 불타오르기 때문이다

세상사는 일이 추워지면 추워질수록
사랑의 화력이 용광로처럼 불타올라
아내의 따뜻한 손을 잡고 있으면
이 세상에서 가장 아름다운 불꽃같은 꽃밭으로
아내의 사랑이
만발하고 있기 때문이다

La main de ma femme

La main de ma femme est toujours chaude,
Car dans son corps, tel un poêle ardent,
La flamme de l'amour
Brûle sans cesse, vive et éclatante.

Plus le monde devient froid,
Plus l'ardeur de son amour s'embrase telle une fournaise,
Et quand je tiens sa main tiède,
Je me retrouve dans le plus beau des jardins en fleurs,
Où son amour s'épanouit en une lumière ardente.

깜깜한 한밤중 눈을 뜨면

깜깜한 한밤중 눈을 뜨면
나는 별이 되어 반짝인다

대기오염으로 별이 뜨지 않은지 아주 오래된
밤하늘을 볼 때면
옛적 영롱한 별들이 하늘 가득 초롱초롱 보석처럼 반짝이던
그때의 밤하늘이 너무나도 그리워져서인지
깜깜한 한밤중 눈을 뜨면
나는 별이 되어 반짝인다

잠을 자던 그 임이
악몽에 시달려 눈을 떴을 때
영롱하게 반짝이고 있는 나의 별을 바라볼 수 있도록
그리하여 옛적 그 임의 가슴에서 초롱초롱 빛나고 있던
별 하나로 반짝일 수 있도록
깜깜한 한밤중 눈을 뜨면
나는 별이 되어 반짝인다

Quand j'ouvre les yeux dans la nuit obscure

Quand j'ouvre les yeux au cœur de la nuit obscure,
Je deviens une étoile et je scintille.

Il y a si longtemps que les étoiles ne se montrent plus,
Voilées par la pollution de l'air.
Quand je contemple le ciel depuis ma chambre,
Je me languis des étoiles limpides d'autrefois,
Qui emplissaient le ciel, scintillantes comme des gemmes.
Est-ce parce que le ciel de ce temps-là me manque tant
Que, quand j'ouvre les yeux au cœur de la nuit obscure,
Je deviens une étoile et je scintille ?

Si, tourmentée par un cauchemar,
Ma bien-aimée s'éveillait en sursaut,

Pour qu'elle puisse contempler ma lumière,
Qui autrefois brillait en elle
Comme l'éclat limpide des étoiles de son enfance.
Quand j'ouvre les yeux dans l'obscurité de la nuit,
Je deviens une étoile et je scintille.

낙타와 선인장처럼

죽을 듯이 목이 타오를 때마다
선인장을 씹어가며
사막을 횡단하던 낙타들이
끝내 타오르는 목마름을 이겨내지 못하고
쓰러져 모래바람에 묻힐 때면
작렬하는 태양의 뜨거운 열을 꽃으로 피워내며
사막을 횡단하고 있는 낙타들의
참을 수 없는 갈증을 축여주기 위해
선인장으로 환생하고 있는
사막의 낙타들처럼

세상을 횡단하고 있는 그대와 나도
갈증으로 쓰러질 때면
그대는 나의 갈증을
나는 그대의 갈증을 축여주기 위해
영겁으로 환생하고 있는 사랑의 꽃

Comme le chameau et le cactus

À chaque fois que la gorge brûlait comme si l'on allait mourir,
Les chameaux traversaient le désert,
En mâchant des cactus,
Mais finissaient par succomber à cette soif ardente,
S'effondrant, ensevelis par les tempêtes de sable.

Alors, sous le soleil brûlant et implacable,
Les cactus fleurissent, embrasant la chaleur éclatante du soleil en fleurs,
Pour étancher la soif insupportable
Des chameaux qui traversent encore le désert.
Ainsi, ils renaissent en cactus,
Ces chameaux du désert.

Toi et moi, qui traversons ce monde,
Quand nous succombons à notre soif,
Toi, tu étanches la mienne,

Et moi, la tienne.

Ainsi, nous renaissons à travers l'éternité,

Fleurs de l'amour.

아내의 발

아내의 마음엔 발이 달려있는지
마음만 먹으면
어디든지 달려간다

내 목숨을 위한 일이라면
죽음도 마다않고 달려갈 태세여서
그런 아내를 보고 있노라면
하나님이 내 곁에 있는 것이 아닌가 하는
생각이 들 때가 많다

그러기에 아내의 발을 볼 때면
마치 세상의 죄를 짊어지고 가신 예수님같이
나의 생사를 짊어지고 가는 것만 같아
목숨을 다한 사랑으로
아내의 발을 어루만지며
죄스러움을 씻고 싶고

아내의 발이
사랑의 천국 길을 사뿐사뿐 걸을 수 있도록
아내의 십자가를 대신 짊어진 사랑으로
아내의 발을 씻겨주고 싶다

Les pieds de ma femme

Je me demande si le cœur de ma femme a des pieds.
Dès qu'elle le décide,
Elle court où que ce soit.

Si c'est pour ma vie,
Elle est prête à courir sans hésiter,
Même au péril de la sienne.

Quand je la regarde,
Il m'arrive souvent de penser
Que Dieu se tient peut-être à mes côtés à travers elle.

C'est pourquoi, lorsque je vois ses pieds,
Ils me rappellent Jésus
Portant les péchés du monde.
Comme lui, elle semble porter
Ma vie et ma mort sur ses épaules.

73도

아내와 나는 73도일 때
가장 아름다운 사랑의 꽃을 피운다

눈짓만 서로 주고받아도
사랑이 맑은 실개천처럼 흐른다

73도를 늘 다정하게 반으로 나눠가지고 있다가
서로 사랑의 그윽한 눈짓을 주고받으며
서로가 품고 있던 온도를
73도로 합쳐 나갈 때면
천국의 사랑의 꽃밭이 되다가도

오해와 갈등이 생겨
73도를 넘어서거나 73도에 못 미치게 될 때면
폭염특보나 한파주의보가 되는
아내와 나의 사랑

73 degrés

Quand ma femme et moi sommes à 73 degrés,
la plus belle fleur de l'amour s'épanouit.

Rien qu'en échangeant un regard,
l'amour coule comme un ruisseau limpide.

Nous partageons toujours tendrement
ces 73 degrés en deux,
et en échangeant des regards profonds.

Quand nous réunissons nos chaleurs
pour atteindre ensemble ces 73 degrés,
notre amour devient un champ de fleurs célestes.

Mais si des malentendus et des conflits surgissent,
et que nous dépassons ou n'atteignons pas les 73 degrés,

Alors une alerte de chaleur accablante
ou un avis de grand froid
frappe notre amour.

‖ 시인 박효석 ‖

1947년 4월 3일 수원 근교에서 태어난 박효석 시인은 3살 되던 해에 6·25전쟁으로 천애전쟁고아가 된 이후 청소년시절까지 고아원에서 성장하였고 그 후 시와 숙명을 함께하며 왕성한 작품 활동을 하던 중 1978년 시 전문 월간지 『시문학』에서 '문덕수' 시인의 천거로 첫 시집 『그늘』이 출간된 후 지금까지 개인시집 35권과 시선집 1권을 출간하면서 뛰어난 주제의 선명성과 삶의 본질적 아름다움에 충실한 작품성으로 「시예술상」을 비롯한 많은 문학상을 받은바 있음.

‖ Notice biographique ‖

Le poète Park Hyo-seok, né le 3 avril 1947 près de Suwon (Corée du Sud), a perdu ses parents lors de la guerre de Corée (25 juin 1950) et a grandi dans un orphelinat jusqu'à son adolescence.

Par la suite, il a lié son destin à la poésie et mené une activité créatrice intense.

En 1978, grâce à la recommandation du poète Moon Deok-su, son premier recueil, L'Ombre, a été publié dans la revue spécialisée Poésie (시문학).

À ce jour, il a publié 35 recueils de poèmes et une anthologie.

Ses œuvres, marquées par une clarté thématique remarquable et une quête fidèle de l'essence de la vie, lui ont valu de nombreux prix littéraires, dont le Prix d'Art Poétique (시예술상).

‖ 번역자 소개 : 고광단(1946~) ‖

홍익대학교 명예교수

1970.2. 한국외대 프랑스어과 졸업

1977.12. 프랑스 Paul-Valéry 대학, 불문학 박사학위 취득

1978.9.~1981.8. 계명대 불어불문학과 조교수

1981.8~2011.8. 홍익대학교 불문학과 부교수, 교수

2003.9~2006.2. 홍익대학교 문과대 학장

2004.1.~2004.12. 프랑스 학회 회장

2006.1.~2006.12. 한국불어 불문학회 회장

2011.8. 옥조근정훈장(국가포상)

2018.10.~ 국제 PEN 한국본부 번역원 프랑스어권 위원장

번역(한불)

La chienne de Moknomi (황순원 단편선), J.-N. Juttet와 공역, 1995.10.

Le cheval de Poste (김동리 '역마'), J.-N. Juttet와 공역, 1996.10.

L'Envers de la vie (이승우 '생의 이면'), J.-N. Juttet와 공역, 2004.4., 대산문학 번역부분 대상수상, 2000.11.

Les Descendants de Caïn (황순원의 '카인의 후예'), B. Joinau와 공역, 2002.10.

Les Puits de mon âme (최인석의 '내 영혼의 우물') E. Bidet와 공역, 2007.1.

Putain de pupitre ! (박범신의 '더러운 책상') E. Bidet와 공역, 2014.1.

Le Jardin interdit (김다은의 '금지된 정원') J.-C. Jambon과 공역, 2019.11.

|| À propos du Traducteur Ko kwang-dan (1946 ~) ||

Professeur honoraire de l'Université Hongik

1970.02. Licencié du département de français-Université Hankuk des Etudes Etrangères.

1977.12. Docteur ès lettres-Université Paul-Valéry Montpellier 3

1981.08 ~ 2011.08. Professeur à l'Université Hongik.

2003.09 ~ 2006.02. Doyen de la Faculté de Lettres de l'Université Hongik.

2004.01 ~ 2004.12. Président de l'Association des Etudes françaises.

2006.01 ~ 2006.12. Président de l'Association de Langue et de Littérature Françaises.

2011.08. Décoration nationale de Okjo Geunjeong.

2018.10 ~ 2025.5. Directeur Section Francophone de l'Institut de Traduction Pen International Coréé du Sud.

Traduction (de l'œuvre coréene à l'œuvre française)

La Chienne de Moknomi (recueil de nouvelles de Hwang Sun-won, co-traducteur J.-N. Juttet, 1995.10.)

Le Cheval de Poste (nouvelle de Kim Dong-ri, co-traducteur J.-N. Juttet, 1996.10.)

L'Envers de la vie (roman de Lee Seung-u, co-traducteur J.-N. Juttet, 2000.04.), Grand prix de Daesan, 2000.11.

Les Descendants de Caïn (roman de Hwang Sun-won, co-traducteur B. Joinau. 2002.10.)

Le Puits de mon âme (roman de Choi In-seok, co-traducteur E. Bidet, 2007.01.)

Putain de pupitre ! (roman de Park Bum-shin, co-traducteur E. Bidet, 2014.01.)

Le Jardin interdit (roman de Kim Da-eun, co-traducteur J.-C. Jambon, 2019.11.)

|| 번역자 소개 : Jean-Charles Jambon(1956~) ||

빠리8대학 철학박사(1999) 덕성여대 문과대 전 불문과 교수
- 조선시대 퇴계 이황을 중심으로 정원과 풍경관련 논문
- 근대 한국에서의 영화와 드라마를 중심으로 한 연구
- 예술과 장소 그리고 기억과 관련된 심층연구
- 현대 한국 예술인들의 카탈로그 서문의 기술
- Le Jardin interdit (2019년 김다은의 소설 '금지된 정원' 불어판, Jean-Charles Jambon 과 고광단 공역, 한국문학 번역원 지원)

|| À propos du Traducteur Jean-Charles Jambon (1956 ~) ||

Jean-Charles Jambon (1956 ~) est un ancien professeur du département de français de l'Université féminine Duksung, docteur en philosophie de l'Université Paris 8.

Pendant son séjour en Corée, il a rédigé et traduit de nombreux articles. Deux séries se distinguent : la première, consacrée au philosophe Yi Hwang ainsi qu'aux jardins et paysages de la période Joseon ; la seconde, à la Corée contemporaine, avec des études sur les paysages et les lieux dans les films et les dramas coréens. Il est également l'auteur de nombreuses préfaces de catalogues pour des artistes coréens contemporains.

Traductions :
- Le Jardin interdit (roman de Kim Da-eun, Atelier des Cahiers, 2019.11, co-traducteur Ko Kwang-dan)
- 《 Les plats de mon pays, haejangguk et bibimbap 》, texte de Choi il-nam, in Manger cent façons, Atelier des Cahiers, 2016, co-traducteur Ko Kwang-dan.

박효석 36 시집

사랑은 오로지 사랑으로 말하라
L'amour ne se dit qu'avec amour

인쇄 | 2025년 5월 16일
발행 | 2025년 5월 20일

지은이 박효석
기 획 국제PEN한국본부
펴낸이 서정환
펴낸곳 신아출판사
주 소 전북 전주시 완산구 공북 1길 16
전 화 (063) 275-4000, (063) 252-5633
E-mail sina321@daum.net
출판등록 제465-1984-000004호
인쇄 · 제본 신아문예사

저작권자 ⓒ 2025, 박효석
이 책의 저작권은 저자에게 있습니다. 서면에 의한 저자의 허락없이 내용의
일부를 인용하거나 발췌하는 것을 금합니다.

저자와 협의, 인지는 생략합니다.
잘못된 책은 바꿔 드립니다.

ISBN 979-11-94595-61-8 (03810)

$ 20.00

Printed in KOREA